생활 속에
창조가 보이는가

김오회 박사와 함께하는 창조적 사고

생활 속에
창조가 보이는가

김오회 지음

매일경제신문사

프롤로그 당신은 왜 사는가?

우리는 지금 인생살이라는 것을 하고 있다. 이것이 좋든 싫든 우리는 정해진 시간까지 이것을 수행해야만 한다.

물론 스스로 중도 포기하는 경우도 있고, 사고에 의해 어쩔 수 없이 접게 되는 경우도 있다. 어쨌든 이런 특별한 경우가 아니라면 우리는 인생살이를 끝까지 해야만 한다.

인생살이가 피할 수 없는 것이라면, 이왕이면 잘해보는 것은 어떨까?

이런 생각에 동의한다면, 잘 사는 것이 무엇인지부터 알아야 한다. 잘 사는 것에 대한 뚜렷한 기준도 없이 잘 살 수는 없는 일이니 말이다.

무엇이 잘 사는 것일까?

여기에 대한 대답은 실로 사람의 머릿수만큼이나 많을 것이다. 하지만 변치 않는 것이 있으니, 그것은 잘 사는 기준이 창조와 얼마나 친숙한가에 있다는 사실이다.

왜, 창조가 인생살이에서 잘 사는 기준이 될까?

인생살이가 아무리 복잡하고 다양해도 생각 덩어리 속에서 이루어진다는 사실엔 변함이 없다. 따라서 사고의 구조를 면밀히 살피게 되면 인생살이의 속성을 엿볼 수 있고, 여기서 잘 살 수 있는 열쇠를 찾게 될 것이다.

그 열쇠가 바로 창조라는 것이다.

창조란 가치를 생산함으로써 오는 존재 의미를 말한다. 가치를 생산하지 않는다면 돌멩이처럼 무의미한 것이 되고 말 것이다. 여기서 가치의 절대적 기준은 없다. 가치는 지극히 주관적인 것이다. 어느 누가 됐든지 보람과 감동, 재미를 동반한 어떤 무엇을 생산하면 그것이 창조이다.

따라서 창조란 먼 산 너머에 있는 무지개가 아니다. 사고의 구조만 살짝 돌리면 누구나 누릴 수 있는 이성의 혜택이며 보고(寶庫)이다.

본서는 필자가 오랜 기간에 걸쳐 학생들을 지도하거나 여러 계층의 청중들을 대상으로 워크샵을 진행하면서 얻은 자료를 가급적 평이하게 정리한 것이다.

필자는 본서에서 창조적 인생의 의미를 풀어내고, 이것을 현실에 접목시킴으로써 누구나 만족스런 삶을 살 수 있도록 뚜렷한 방향을 제시하고자 했다. 만일 본서를 읽으면서 보다 구체적인 이론적 근거가 필요하다고 느낀다면 앞서 출간된《내 멋대로 살고 싶다》를 참조하면 좋을 것이다.

창조적 삶, 이것은 당신의 삶을 멋지게 다듬어 줄 것이다. 빈부귀천에 상관없이 인생살이의 맛을 제대로 느끼게 하여 후회 없는 삶으로 인도할 것이다.

끝으로 본서를 집필함에 여러가지 좋은 말씀을 들려주신 단예 김준걸 스승님께 지면을 빌려 깊은 감사의 말씀을 드리며, 아울러 본서의 출판에 힘써 주신 매일경제 관계자분들께도 고마움을 전한다.

弘山 김오회

인생살이를 정말 멋지게 하고 싶은가?
진실로 그런 마음이 든다면 필자와 함께 인생여행을 떠나 보자.

목차

1. 생활과 가치

인생이란 무엇인가?

기분이 우울해지거나 어떤 난관에 처했을 때 흔히 가져보게 되는 의문이다.

이것은 정신이 맑을 때 깊게 생각해 봐도 한마디로 정의할 수 없는 매우 모호한 질문이기도 하다. 그렇기에 동서고금을 통해 수없이 많은 인생관이 존재하고 여기에 대한 각자의 평가 또한 엇갈리게 된다.

그렇더라도 우리는 인생의 의미에 대해 정확히 짚어보지 않으면 안 된다. 왜냐, 인생에 대한 깊은 이해와 통찰에서 삶의 가치를 찾을 수 있기 때문이다.

인생, 그것은 좋든 싫든 우리에게 주어진 피할 수 없는 여정이며, 따라서 이왕이면 멋지고 아름답게 그 길을 가는 것이 좋을 것이다.

삶의 종착역에 도달해 지난날을 되돌아볼 때 당신의 입가에 흐뭇한 미소가 떠오른다면 한평생 잘 살았다고 평가할 수 있을 것이다.
이 평가가 곧 인생의 최종 가치이며 우리가 존재하는 나름의 의미이기도 할 것이다.
그렇다면 어떻게 살아야 잘 사는 것이라고 할 수 있을까?

흔히 말하는 돈과 권력, 명예… 등을 얻어야 인생을 잘 살게 되는 것일까?

인간이 기계라면 이상의 세 요소는 인생을 평가하는 절대적 기준이 될 것이다. 하지만 인간은 정신이라는 고차원적 질료를 지니고 있는 오묘한 존재이다. 따라서 그런 물질적 잣대만으로는 인생을 평가할 수 없다.

부귀권력을 마음껏 휘두르며 평생을 살아도 그의 정신이 풍요롭지 못하면 결과적으로 실질적 삶의 가치는 퇴색되고 만다.

두메산골의 화전민으로 평생을 살아도 그의 정신이 윤택하고 기름지다면 오히려 이런 소박한 삶에 가치가 주어질 것이다.

　예술 작품을 평할 때 캔버스나 붓의 재질, 물감의 값 등을 따지지
않는다.

　오로지 캔버스 위에 펼쳐진 예술의 가치만을 볼 뿐이다. 마찬가지
로 삶을 평할 때도 그 사람이 누린 물질적 풍요보다는 내면의 가치를
우선하게 된다.

　삶은 곧 가치이다. 다시 말해 삶이란 자신의 존재 의미를 표현하는
하나의 장(場)이다.

세계인의 부러움을 한몸에 받으며 산 그리스의 선박왕 오나시스(Onasis)[1]의 예를 보자.

오래 전 얘기지만 사람들은 어떤 좋은 일이 있을 때, "오나시스가 부럽지 않아"라는 말을 관용어처럼 하던 시절이 있었다. 이 얘기는 돌려 말하면 오나시스가 당시 뭇 사람들의 부러움의 대상이었다는 말이 된다.

억만장자인 그는 어떤 것도 돈으로 다 살 수 있다며 자족하며 살았다. 수없이 많은 스캔들을 일으키던 오나시스는 마리아 칼라스(Maria Callas)라는 당대의 성악가와 염문설에 휩싸이기도 했다.
그러다가 캐네디(kennedy) 대통령의 미망인인 재클린(Jacqueline)과 결혼하기에 이른다.

오나시스는 재클린과 결혼하기 전에 그녀야말로 자신이 꿈에 그리던 이상형이라고 공공연히 말했다. 하지만 결혼 일주일 뒤 그는 자신의 선택을 후회하고 말았다.
오나시스는 파혼을 결심하고 변호사를 찾았지만 막대한 위자료 때문에 차일피일 미루게 됐고, 그 와중에 외아들이 비행기 사고로 죽자 하루하루 고통에 시달리다가 죽고 말았다.

---

1. Aristotle Sokrates Onasis(1906 ~ 1975). 1931년 해운업을 시작하여 거대한 부를 축적하였다. 세계를 누비며 숱한 여성들과 스캔들을 일으키는 것도 모자라, 1968년 10월에는 케네디 대통령의 미망인인 재클린과 결혼하여 세계적 화제를 모았다.

5.00

2001

Dag

자본주의 시대에 있어서 돈은 그야말로 요술방망이다. 심지어 권력도 좌지우지하는 무소불위의 에너지를 지녔다.

하지만 오나시스는 어느 누구보다도 불행했다. 그는 운명할 때 자신의 삶을 어떻게 평했을까?

인생은 한 편의 드라마이다. 주인공이 부귀해야만 드라마가 가치 있게 되는 것은 아니다. 주변과 관계망에 의해 엮어지면서 감동과 재미가 샘솟아야 좋은 드라마가 된다.

인생도 마찬가지다. 단순히 물질적 요소만으로 가치를 판단할 수 없는 것이 우리네 인생살이다.

그렇다면 과연 어떻게 살아야 인생의 가치가 증대할까?

그 답은 창조이다.

만물이 존재하는 이유는 크든 작든 창조를 하기 위해서다. 우주라는 캔버스에 티끌 하나를 만들어도 창조이다.

창조는 그 규모를 떠나 무언가를 이루어내는 원원한 에너지의 흐름이다. 밭에서 열심히 땀 흘리며 농작물을 가꾸는 것도 창조요, 회사에서 부지런히 아이디어를 짜내며 업무를 보는 것도 창조이다. 무언가 변화를 불러오는 것이라면 그 범위와 내용, 재료 등에 관계없이 창조이다.

다만 예술마다 감상이 엇갈리듯 창조 역시 그 평가가 달라질 수 있다. 여기에 따라 인생의 성패가 갈리게 된다.

창조를 평가하는 잣대는 무엇일까?

그것은 가치이다.

그렇다면 가치란 무엇을 뜻하는가?

가치[2]란 나에게 진실로 중요한 어떤 무엇으로, 늘상 감동과 보람, 그리고 재미를 몰고 다닌다. 이것이 가치의 3대 요소인데, 이로써 가치를 평가하고 창조의 질을 결정할 수 있다.

이렇게 되면 사람이 몸에 두르고 있는 돈과 권력, 명예란 것은 창조의 절대적 기준이 될 수 없다. 이런 것들이 풍부하면 어떤 면에서 유리할 수 있지만 반드시 가치적 측면에서 앞선다는 보장은 없다.

그래서 창조로 볼 때, 인생은 공평하다. 겉보기로는 오나시스에게 크게 밀리지만 그 내면의 가치는 결코 뒤지지 않는다.

이런 사실을 자각할 때 우리는 삶의 가치에 대해 눈 뜨게 되고, 멋진 인생을 살아갈 수 있을 것이다.

창조와 생활!

그것은 당신의 삶을 저 하늘의 눈부신 태양처럼 찬란하게 할 것이고, 저 들판에 흐드러지게 핀 꽃들처럼 아름답게 수놓게 할 것이다.

---

2. 가치란 인생의 존재 의미를 말한다. 여기서 인생의 존재 의미는 사람마다 다양할 수 있지만, 그 공통적인 속성에는 예외없이 감동과 보람, 재미가 들어 있다. 그래서 감동과 보람, 재미를 가치의 3대 요소라고 한다.
가치란 변화를 멀리하고 제자리에 머물러 있을수록 줄어들기 마련이다. 그래서 가치를 증대하기 위해서는 뭔가 새로운 변화를 시도하는 것이 좋다. 이를테면, 미지의 것에 대한 호기심을 갖는 것도 좋고, 익숙하지 않은 곳에 가보는 것도 좋다. 어떤 사물이나 주제에 대해 다른 각도로 생각해 보는 것도 좋고, 나와 다른 의견에 주의 깊게 경청해 보는 것도 좋다. 이렇게 제 자리에 머물러 정체되지 않고 새로운 변화를 통해 가치를 생산하는 행위를 일러 창조라고 한다.

2. 생활과 신앙

우리가 살아가면서 어떤 것을 믿는다는 것만큼 아름다운 것도 없을 것이다.

그것이 얼마나 중요하면 현대 사회를 일러 신용사회라 하지 않는가. 신용이란 상호간의 믿음이 토대가 되지 않고는 성립될 수 없다.

자본주의 시장에서 피와도 같은 돈 역시 신용에 의해서 굴러간다. 사실 과거에는 돈이란 것을 믿지 못했다. 그래서 돈을 찍어내게 되면 그돈에 해당하는 금을 은행에 예치해야 했다. 그래야만 돈으로서의 구실을 했는데, 이것을 금본위 제도라고 한다.

하지만 1971년에 들어서면서부터 돈에 신용이 붙게 됐다. 은행에 금을 예치하는 것을 없애고 그냥 찍어내기 시작한 것이다.

사실 이렇게 되면 전 세계 국가들이 마구잡이로 돈을 찍어 극심한 인플레이션이 발생할 것이다.

하지만 결과적으로 극소수의 국가를 제외하고는 그런 혼란이 발생하지 않았다.

왜냐, 신용이란 것 때문이다. 돈을 마구 찍어내는 나라는 신용이 떨어지고 그만큼 국제 사회에서 제약을 받게 될 것이다.

나라마다 빚이 없는 나라가 없다. 2010~2012년 그리스 경제가 파산에 몰리자 그 나라 국민의 상당수가 빚을 갚지 말자고 아우성을 쳤다. 요즘 세상에 빚을 갚지 않는다고 전쟁이 일어날 것도 아니고 말이다.

하지만 정부가 채무불이행을 선언한다면 그리스는 국제 사회에서 철저히 고립되고 말 것이다. 유럽 대륙에 떠 있는 외로운 섬이 돼버리는 것이다. 이런 이유로 인해 그리스 정부는 갖은 반대에도 불구하고 성실히 국제 규약을 지키겠다고 선언하였다.

이처럼 신용이란 것은 법처럼 어떤 규제가 따르는 것은 아니지만 강력한 힘을 지닌 관계의 규칙이다. 그래서 현대사회를 일러 신용사회라 하는 것이다.

그런데 신용의 이면을 잘 들여다 보면 남으로부터 믿음을 받는 구조로 되어 있다. 다시 말해 밖에서 안으로 흘러들어오는 것이다.

만일 믿음의 방향을 바꾸어 나로부터 밖으로 나가게 하면, 다시 말해 어떤 대상(神)을 향해 믿음을 주게 되면, 그땐 신앙이란 것이 된다.

이렇게 보면, 신용과 신앙은 믿음의 방향에 따라 나누어지게 된다.

그런데 신용과 신앙은 가만히 들여다보면 별개의 것이 아니다. 믿음을 주지 못하는 사람이 남으로부터 신용을 얻는다는 것은 어불성설이다.

또한 믿음을 준다고 하는 사람이 남들로부터 신용을 얻지 못한다면, 이것 역시 앞뒤가 맞지 않는다.

따라서 신용과 믿음은 양쪽으로 갈라서는 성립될 수 없는 동전의 양면과도 같다.

이렇게 보면 신앙 역시 다르지 않다. 신앙은 상호 믿음에 의한 신용이 전제될 때에 비로소 그 가치를 발휘하게 된다.

신용이 전제된다는 말이 무슨 뜻인가?

삶을 가치 있게 잘 살아 남으로부터 신뢰를 받는 것이다. 생활 속에서의 가치 창조! 이것이 없는 신앙은 절름발이 신앙일 수밖에 없다.

따라서 신앙은 곧 가치 창조를 통해 그 토대가 굳건해진다고 할 수 있다.

신앙이란 대개 종교를 가지게 됨으로써 생겨난다. 그러므로 종교

는 사회에 신앙이라는 가치를 생산하는 지대한 역할을 한다.

그런데 이 시점에서 우리는 스스로에게 반문해 봐야 한다.
종교에서 나오는 신앙이란 것이 우리의 삶 구석구석까지 가치를
부여하는지를 말이다. 다시 말해 종교와 삶의 보편적 가치가 하나로
잘 연결되느냐의 문제이다.

이것이 잘되는 종교는 신용을 얻게 되고 당당히 사회에서 인정받
게 될 것이다. 하지만 그렇지 못하여 신용을 잃게 된다면, 그땐 어쩔
수 없이 이단이니 사이비니 하는 논쟁에 시달리게 될 것이다.
종교가 없는 사람이라도 신용의 문제에서 자유로울 수는 없다.

무교(無敎)라고 해도 삶에서의 가치 창조와 이것을 통해 신용을 쌓는 것은 인생을 잘 살기 위한 필수이다. 또한 언제 신앙인이 될지도 모르는 것이 현실이니 말이다.

필자의 오랜 지기들을 보면 젊었을 때는 종교를 별로 못마땅하게 생각하다가도 늘그막에 독실한 신자가 되는 경우가 많았다.

이런 것을 보면 인간은 누구나 잠재적 신앙인이다. 물론 끝까지 무신론자로서 살다가 죽는 사람도 있을 것이다.

자, 그럼 이제 냉정하게 신앙의 현주소를 살펴보자.

삶에서 신용을 얻지 못하는 신앙을 갖고 있는지를 말이다.

혹자는 이렇게 반문할 수도 있을 것이다. 인간들로부터의 신용은 중요하지 않다. 오로지 신(神)으로부터의 신용을 얻는 것이 우선이라고 말이다.

일리가 있는 주장이다. 그런데 우리는 신의 신용에 대한 기준을 알 수 없다. 경전이란 것만 가지고는 신의 뜻을 명확히 알 수 없지 않은가. 그렇다면 신의 신용에 대한 경우의 수를 살펴보자.

첫째, 삶의 가치는 무시하고 오로지 신에 대한 믿음만을 본다.

둘째, 삶의 가치를 중시하고 아울러 신에 대한 믿음을 본다.

셋째, 삶의 가치를 중시하고 신에 대한 믿음은 대수롭지 않게 여긴다.

아마 이와 같은 세 가지 경우의 수가 나올 것이다.

첫 번째는 사회적 물의를 일으키는 종교들에서 주장하는 말이고, 두 번째는 믿음을 토대로 한 일반적인 종교에서 주장하는 말이다. 그리고 세 번째는 수행을 토대로 한 자각(自覺) 종교에서 주장하는 말이다.

그런데 소위 말하는 경전이란 것들을 살펴보면 어떤 신이든지 첫 번째를 말하고 있는 경우는 없다. 첫 번째의 주장을 하는 경우는 신을 빙자하여 혹세무민하는 사이비들에게나 해당된다. 이런 경우엔 말세론이나 구원론이 지나치게 강조되어 현실의 가치를 무시하게 된다.

따라서 만일 신이 있다면 두 번째와 세 번째의 경우가 될 것이다.

자, 그러면 이제 어떤 신을 막론하고 그분들이 얼마나 현실에서의 삶의 가치를 중시하는지 알 수 있을 것이다.

신의 뜻은 나의 삶을 가치 있게 하는 데에 있다. 여기서 신으로부터 신용을 얻게 되면 올바른 신앙생활이 된다.

신앙은 가치이다.

따라서 가치와 역행하는 신앙은 믿음이 아니다.

우리가 교회나 절에 가서 믿음을 행사하는 것은 삶의 가치를 높이고자 함이다. 믿음을 통해 직장이나 사회에서 받는 스트레스나 마음의 우환 등을 정화하고 용기를 얻는다. 그럼으로써 더 높은 가치를 창출할 수 있는 에너지를 얻게 된다. 이것이 우리가 종교를 믿는 이유이다.

종교인은 가치를 떠나서 존재할 수 없다.

가치는 관계에서 나온다. 관계는 열린 마음에서 나온다. 마음이 폐쇄되면 결코 원만한 관계가 이루어질 수 없고 가치 또한 기대할 수 없다. 따라서 신앙이란 열린 마음이며 관계의 꽃이다. 단절된 관계에서는 신앙이 존재할 수 없다.

그렇기에 신앙이란 마음의 문을 활짝 여는 데에서 시작한다.

사실 마음의 문이 열려 이웃과 사회에 적선을 하는 신앙인들이 얼마나 많은가! 그런 분들이 종교를 가치 있게 하는 참된 신앙인이다.

종교가 다르다고 툭탁툭탁 다투는 경우가 많다. 사실 인류사의 전쟁 가운데 종교적 갈등에 의한 것이 대부분이다. 오늘날도 세계 곳곳의 갈등과 전쟁의 이면엔 약방의 감초처럼 종교가 똬리를 틀고 있다.

이런 모습을 보면 한숨이 절로 나온다. 종교란 마음의 문을 여는 데서 시작한다. 이것을 예수는 사랑이라 했고 붓다는 자비라 했고 공자는 인(仁)이라 했다. 그런데 오히려 마음의 문을 닫고 총칼로 벽을 두르고 있다. 이것은 종교가 지닌 원래의 취지에 역행하는 것이다.

누차 말하지만 종교의 본뜻은 삶의 가치에 있으니, 결국은 마음의 문을 활짝 열고 세계 평화와 인류 번영에 종교가 기여하지 않겠는가!

그렇게 되기 위해서는 신앙인들의 자세가 먼저 바뀌어야 한다. 신앙이 곧 가치 창조에 있다는 사실을 알면 내 종교 네 종교 따질 이유가 없다.

가치를 창조하는 데에 종교의 구분이 무슨 필요가 있겠는가?

신앙은 곧 생활이다. 생활을 떠난 신앙은 그 의미가 퇴색하고 만다. 생활에서의 가치 창조, 그것이 바른 신앙이고 당신이 믿는 신을 기쁘게 하는 가장 확실한 길이다.

다음을 체크해 보자.

1. 남의 종교를 폄하하지는 않았는가?

2. 내 종교를 권하는 수준을 넘어 지나치게 강요하지는 않았는가?

3. 종교 활동 때문에 가정사나 사회일에 소홀하지는 않았는가?

4. 사회에서 나의 신용도는 과연 어느 정도인가?

3. 생활과 수행

생활하다 보면 정신적 가치를 소중히 여기게 되고, 그러다가 본격적으로 정신을 계발하려는 생각을 갖게 된다.

이렇게 되면 소위 말하는 수행이니 도(道)니 하는 말들이 자연스레 나오게 된다.

참으로 좋은 발상이다. 정신을 닦아 온전하게 만든다는 생각만큼 가치 있는 것도 없을 테니 말이다.

그렇다면 어떻게 정신을 닦을 것인가?

여기에는 여러 가지 방법이 있다. 큰 갈래만 보면 이렇다.

몸을 건강하게 하면서 정신을 맑게 하는 단전호흡 류의 기(氣)수련이 있다. 그리고 마음을 평화롭게 하는 참선이나 명상 류의 수련이 있고, 기도를 통해 마음을 정화하는 종교적 수행법이 있다.

이것 외에도 주문이나 진언을 이용한 수행법도 있고 다소 외도(外道)로 흘렀지만 신통력을 이용한 신비적 수행법도 있다.

자, 그렇다면 한번 생각해 보자. 어떤 수행을 어떻게 해야 정신을 계발할 수 있을까?

수행법을 선택하기 전에 수행의 구조부터 알아 보자.

수행을 왜 하는가?

그것은 마음을 정화하여 높은 정신세계로 가기 위함이다.

그렇다면 왜 그런 높은 정신세계로 가려 하는가?

그곳은 현재보다 더 큰 가치가 있기 때문이다.

그렇다면 어떤 이유로 큰 정신세계에는 더 큰 가치가 있는가?

그것은 시공(時空)에 자유롭고 모든 것이 열려 있어 가치 창조에 유리하기 때문이다.

그렇다면 시공에 자유롭고 모든 것이 열려 있어 가치 창조에 유리하다는 말은 무슨 뜻인가?

마음이 그만큼 열려 있고, 나와 너를 구분하는 분별 의식이 줄어 있어 보다 나은 삶의 가치를 세울 수 있다는 것을 말한다.

그렇다면 어떤 이유로 줄어든 분별 의식이 삶의 가치를 향상하게 되는 것인가?

그것은 피아(彼我)나 OX로 구분하는 분별 의식이 줄어듦으로써 관계망이 형성되고 그만큼 에너지의 흐름이 원활해지기 때문이다.

그렇다면 원활한 에너지의 흐름이란 구체적으로 어떻게 가치 창조에 기여하게 되는가?

가치란 앞서 말했듯 기쁨과 보람, 감동을 불러오는 일종의 마음의 평화이다.

이런 것은 외부와 단절된 상태에서 나만의 이기적 만족으로는 채워질 수 없다. 반드시 외부와 마음이 연결되어 원활하게 공명을 이뤄야만 가능하게 된다. 함께 하는 마음에서 에너지는 나오고, 이것이 가치를 창조하는 원동력이 되는 것이다.

자, 그렇다면 결론은 폐쇄된 의식을 한껏 열어젖혀 가치를 증대하는 데 수행의 본질이 있다 하겠다. 더 줄여 말하면 마음을 여는 데서 뭇 수행은 시작하게 된다.

수행이 이런 것이라면 꼭 어떤 정해진 곳의 특정한 수행을 통해서만 가능하지는 않을 것이다.

보는 시각만 바꾸면 사회에서도 얼마든지 이룰 수 있지 않겠는가.

바위스님이란 분이 있다. 수행을 바위처럼 묵직하게 해서 붙여진 별명인데, 사실 이 스님은 남모르는 고민이 있었다.

그것은 수행을 통해 청정한 마음 상태가 되더라도 그것이 어떤 외부적 요인에 의해 쉽게 허물어진다는 것이다. 공든 탑이 허망하게 무너져 내리니 마음고생이 이만저만한 것이 아닐 것이다.

그런데 그 외부적 요인이란 것이 다소 민망하게도 여신도이다. 예쁘장한 여신도만 보면 심장이 벌렁벌렁해지면서 금세 얼굴에 복사꽃이 핀다. 그와 동시에 바위스님의 청정했던 마음은 온갖 질풍에 휩싸여 자취를 감추고 만다. 한마디로 '10년 공부 도로 아미타불'이 돼버리는 것이다.

모름지기 머리를 깎고 승려가 된 것은 붓다의 길을 좇아 성불을 이루고자 함이다.

그런데 이처럼 허망하게 마음공부가 무너지니 바위스님은 큰 결심을 하기에 이른다. 여신도들을 몽땅 색마(色魔)로 규정하고 뒷산 바위굴로 자리를 옮긴 것이다. 그리곤 색마를 극복하기 전에는 사찰로 돌아오지 않겠다고 마음을 굳게 먹었다.

이날부터 바위스님은 꼬박 10년을 바위굴에서 지냈고, 결국 흔들리지 않는 청정한 마음을 얻게 되었다. 바위스님은 수시로 색마를 일으켜 자신의 마음을 실험했지만 전혀 미동도 하지 않게 되자 드디어 사찰로 하산하게 됐다.

며칠 뒤 바위스님의 득도를 기념하여 법회가 열렸다. 신도들이 삼삼오오 떼를 지어 산사로 모여들었다.

법당에 좌정해 있던 바위스님의 눈에 한 여신도가 들어왔다. 늙은 어미의 손을 잡고 아리따운 처자가 법당 안으로 들어섰고, 그 순간 바위스님은 시뻘건 불길 속으로 빠져들고 말았다.
심장이 북이 됐던지 연신 고동소리를 울려댔고, 얼굴은 용광로가 되어 붉은 기운을 민망할 정도로 뿜어댔다.

바위스님은 그날 법회를 하는 둥 마는 둥 끝내고 다시 뒷산 바위굴로 도망치듯 올라갔다. 그리고는 땅이 꺼지라고 깊은 탄식을 토해냈다.

그는 과연 무엇을 탄식하며 무엇을 깨달았을까?

왜 수행을 하는가?

그것은 삶에서의 가치를 창조하고 나아가 영적인 성장을 이루기 위함이다.
그렇다면 어떻게 하면 가치를 창조하면서 영성을 계발할 수 있을까?

그것은 관계망을 통한 연결에 있다. 마음을 열어젖혀 주변과 연결하고, 이것이 확대되어 온 우주와 하나의 관계망이 되면 여기서 한계를 극복하여 깨달음에 이르게 된다.

수행은 마음을 여는 데에서 시작하고 관계를 하나로 잇는 데에서 완성된다.

　이렇게 본다면 사회를 떠나 홀로 무인도에서 수행하는 것이 적합하지 않다.

　수행의 힘은 관계 속에서 나타난다. 관계를 떠나 홀로 무인도에서 이룩한 경지는 검증되지 않은 자신만의 만족이다.

　인간은 사회적 동물이라 한다. 그만큼 관계를 중시한다는 것인데, 이 관계 때문에 삶이 지치고 고단하게 된다.

　그래서 사람들은 가끔이나마 사회를 떠나 홀로 쉬고 싶어 한다. 혹자는 아예 모든 인연을 끊고 탈속하려고도 한다.

우리가 '나' 위주로 지나치게 편중됨으로써 오는 사회적 관계망에 의한 압박들! 이것은 보는 시각을 바꾸면 우리에게 더 없는 스승이 될 것이다. 시시각각으로 조여오는 관계에서 오는 압박과 숱한 자극에 초연해지려는 노력보다 더 좋은 수행은 없다.

언제 어디서 어떤 공격이 들어올지 모르는 세상, 자신의 마음을 분노와 슬픔으로 뒤덮이게 하는 온갖 요소들을 스승으로 섬긴다면 수행은 일취월장할 것이다.

나아가 그런 외부적 자극을 즐길 수 있는 경지에 이른다면, 이런 사람이야말로 수행의 깊은 경지에 도달한 참된 도인(道人)일 것이다.

　수행! 그것은 멀리 있는 것이 아니다. 그것은 나와 주변에 가득 쌓여 있는 관계망을 다루는 마음에서 시작한다.

　마음을 열고 나의 범위를 점점 넓혀 나간다면, 그래서 사회와 인류를 담고 그 이상으로 넓혀 자연과 우주에까지 이른다면 불현듯 시공(時空)을 넘어 한껏 자유로워진 자신을 발견하게 될 것이다.

　여기서 피조물로서의 한계를 극복하고 창조의 주체로서 거듭난 자신을 깨닫게 될 것이다.

　수행! 그것은 폐쇄된 마음을 열어 관계를 원활히 하는 데서 시작한다.

이런 사실을 간과하고 고립된 상태에서 수행하는 것은 그렇게 바람직하지 않다. 오히려 보이지 않는 더 큰 멍에를 짊어질 수도 있다.

사회를 떠나 수행에 전념하는 사람들이 오히려 마음이 더 폐쇄된 경우를 숱하게 보아왔지 않던가.
자칭 각자(覺者)들의 마음이 오히려 깨달음의 벽에 둘러싸여 갇혀 있는 경우가 의외로 많은 것이 사실이다.

비우기만 해서는 초월이 오지 않는다. 비움과 채움을 한꺼번에 안을 줄 알 때, 초월은 초월 아닌 모습으로 생활 속에 깃든다.

고고한 학은 그 고고함에 갇히는 법이다.

수행이란 마음을 열고 열어 우주 삼라만상과 하나로 이어지는 데에 있다. 그렇기에 이웃과 사회를 떠난 수행은 없다.

예외는 있겠지만, 거의 대부분은 생활 속에서 수행을 해야 그 진전을 기대할 수 있다.

도인이란 어떤 시간 어떤 장소에서도 주변과의 관계망을 통해 에너지를 잘 끌어와 어우러질 수 있는 사람이다.

원효가 당나라로 유학을 가던 도중 허름한 폐가에서 해골바가지를 보고 무엇을 깨달았을까?

세간에 알려진 대로 일체유심조(一切唯心造)의 진리를 터득한 것일까?

사실 마음이 모든 것을 만든다는 일체유심조의 진리는 삼척동자도 다 아는 얘기다. 이런 것을 새삼 원효가 깨달았다는 것은 다소 어폐가 있다.

원효는 깜깜한 밤중에 해골바가지에 담긴 물을 달콤하게 마셨다. 하지만 아침에 구더기가 들끓는 모습을 보고는 토악질을 하고 말았다.

이때 원효는 불현듯 마음의 개폐(開閉)에 따라 바뀌는 극락과 지옥의 모습을 보았다. 한밤중에 시각적 정보가 닫혀 마음이 해골바가지와 하나로 연결됐을 때는 극락이었다. 하지만 아침이 되어 시각적 정보가 열려 마음이 해골바가지와 분리되자 가차 없이 지옥이 돼버렸다.

　원효는 절감했다. 해골바가지는 자신의 마음을 교란하는 온갖 외부적 요인들이며, 이것들과 담을 쌓고서는 그 어떤 도(道)도 이룰 수 없다는 사실을……

　마음을 열어 관계를 이루고, 이것을 더 넓혀 우주 삼라만상과 하나가 되는 길에 불도가 있음을 깨닫게 됐다. 이렇게 되자 원효는 당나라로 갈 이유가 없어졌다. 또한 깊은 산속에 홀로 거하며 수행에 매진할 필요도 없어졌다.

　원효는 사회 속으로 깊이 들어와 장가도 가고 아들도 낳았다. 그는 불교의 계율을 어겼지만 그만큼 불교사에 커다란 공을 세운 이도 드물다.

　우리는 원효의 열린 마음과 열린 모습을 보며 그야말로 진정한 도인이라고 여긴다.

수행!

　그것은 원효의 예가 보여주듯 삶을 떠나서 이루어지는 것이 아니다. 하루하루의 삶이 수행이며 도(道)란 사실을 깨달을 때 우리의 삶은 더욱 가치 있게 될 것이다.

　복잡하고 힘든 사회지만 이런 환경이 마음이 잘 자랄 수 있는 여건을 갖추고 있다. 사회는 인간의 영혼이 잘 자랄 수 있는, 유기질이 풍부한 농토이다.

　수행은 곧 삶이며 생활이다.

　이웃과 사회에 마음을 조금씩 여는 것, 그래서 주변과 원만하게 어우러지는 것 자체가 수행이다.

　그래서 참된 도인은 어느 곳 어느 사람과 어우러져도 에너지를 잘 나올 수 있게 한다.

　자, 그렇다면 당신은 삶은 과연 어떠한가?

다음을 체크해 보자. 다음의 질문에 자유롭지 못하다면 당신은 참된 수행자가 아니다.

1. 남의 말을 끝까지 잘 경청하고 자신의 의견을 낼 때도 남의 심정을 헤아릴 줄을 아는가?

2. 귀천을 떠나서 사회적 신분이란 것이 자신의 심신을 딱딱하게 코팅하고 있지는 않은가?

3. 어떤 장소 어떤 사람과 만나도 유연하게 어우러져서 공감을 일으킬 만한 대화를 나눌 수 있는가?

4. 자신에 대한 비판이나 비난에 민감하게 반응하지는 않는가?

5. 자신과 남을 견주어 우열이나 높낮이를 따지는 심리는 없는가?

6. 일의 결과보다는 방향을 보고 의연하게 걸어가고 있는가?

7. 생활이 늘 활력 넘치고 재미와 보람이 따라오는가?

8. 삶과 죽음을 한 덩어리로 보고 초연하게 살아가고 있는가?

4. 생활과 예술

잘 산다는 것은 무엇일까?

여기에 대해 현실에서의 창조적 삶이라는 결론을 내렸다.

그렇다면 창조적 삶이란 구체적으로 어떤 것인가?
다시 한 번 이 점에 대해 차근차근 생각해보자.

창조적 삶, 그건 가치를 창출하는 삶이다. 그리고 그 가치란 빈부귀천에 상관없이 감동과 재미, 보람을 불러오는 그 무엇일 것이다.
이것을 꼭 집어 표현할 수는 없지만 우리는 예술을 통해 그 단면을 엿볼 수 있다.
예술이란 반드시 캔버스 위에 물감을 칠하거나 돌을 조각하거나, 아니면 아름다운 가락을 뽑아내야만 성립되는 것은 아니다.

예술은 일종의 청사진에 의한 작품이며, 작품은 어느 때 어느 장소 어느 재료에 구애받지 않고 어디서나 가능하다.

예술과 전혀 상관없어 보이는 산업 전선에서도 얼마든지 가능하다. 제품 하나를 설계해서 출시하는 것도 예술이며, 일상생활에서 어떤 계획을 세워 실행에 옮기는 것도 예술이다. 나를 잊고 대상(청사진)에 몰입하면 예술적 가치는 물씬 살아나게 마련이다.
하지만 여기에도 예술적 평가는 달라진다. 자신의 이익만을 고려해서 추진하는 것이라면 예술로서의 가치가 적어진다.

왜냐, 에너지의 흐름이 감동과 재미, 보람을 불러오는 쪽으로 흐르지 않기 때문이다. 쉽게 말해 주변 사람들과의 관계망에서 이루어지는 공명, 그것이 없이는 예술로서 충족되기에 부족하다.

예술은 주변과의 관계망을 통해 마음을 주고받으면서 발생하는 일종의 공명 현상이다.

여기서 생성되는 에너지 장(場)이 온갖 아름다움을 수놓으며 가치의 꽃을 만개한다. 그래서 이런 예술적 삶을 사는 사람이야말로 가장 의미 있는 인생을 보내고 있다고 할 수 있다.

어떻게 해야 잘 살 수 있는가?

삶의 예술가가 되면 된다. 당신의 인생을 캔버스로 놓고 그곳에 멋진 그림을 그려보는 것이다.

오감으로 들어오는 정보는 모두 그림으로 치환하여 모자이크처럼 연결하라. 그림으로 보고 듣고 말하고 생각하다 보면 당신은 어느덧 예술가가 되어 있을 것이다.

어떤 일을 하든지 상관없다. 당신은 삶을 창조하는 감독이 되어 예술 속으로 흠뻑 빠져들게 될 것이고, 여기서 발생하는 가치란 이루 헤아릴 수 없게 된다.

예술, 그것을 떠나서 인생을 논하기란 어렵다.

예술의 진정한 경지에 오른다는 것은 비단 보람과 감동, 재미만 얻게 되는 것이 아니다. 예술을 통해 창조 활동을 함으로써 인간의 한계, 다시 말해 분별의 늪에서 조금씩 벗어나게 된다. 시공(時空)에 자유로운 우주적 자아로 성장하게 되는 것이다.

그래서 예술과 함께 하는 삶만큼 빠르게 정신이 계발되고 영적으로 성숙되는 것도 없다. 잘만 하면 수행을 하거나 기도를 하는 것보다 훨씬 빠른 길이 예술의 세계이기도 하다.

예술은 삶을 아름답게 해 줄뿐만 아니라 영적인 성장도 함께 불러와 궁극적으로는 도인이 되게 할 것이다.

그렇다면 예술직에 종사하는 사람들이 영적 성장에 가장 유리할 것이 아닌가 하는 반문을 할 수 있을 것이다. 왜냐하면 그들은 청사진에 의한 에너지 관리에 가장 능통한 사람들이기 때문이다.

하지만 예술은 앞서 말했듯 그들 예술가들만의 전유물이 아니다. 예술의 정의는 관계망에 의한 공명과 가치 창출이기 때문이다.

그래도 예술 계통에 종사는 사람들이 이런 면에서는 이해가 빠르지 않을까?

예술인들을 보면 대개 두 부류로 나뉜다. 예술 그 자체를 즐기는 부류와 예술을 수단으로 삼아 인기나 돈 등을 얻으려는 부류이다.

전자의 예술인들은 오로지 예술만을 본다. 그래서 관계에 의한 소통과 감동이 잘 이루어진다.

이렇게 되다 보니 예술로서 크게 성공하는 경우도 나오지만 너무 현실을 도외시하다보니 인간관계에서 상처를 많이 받기도 하고, 경우에 따라서는 삶이 궁핍해지기도 한다.

고래로 예술에 혼을 실은 예술인들의 삶을 보면 이렇게 극과 극으로 명암이 갈리는 것을 흔히 볼 수 있다.

후자의 예술인들은 늘 가슴을 조마조마하게 쥐어짜며 생활한다. 언제 인기가 줄어들을지 모른다는 위기감에 스트레스를 달고 살게 된다.

　이런 예술인들은 무대에 서거나 작품 활동을 할 때 그만큼 몰입도
가 줄어든다. 결국 작품에 누수가 생기게 되고 걱정하던 위기가 현실
로 이어지게 된다. 따라서 마치 외줄을 타는 것처럼 연속된 긴장 속에
삶을 살아가게 된다.

그래서 대부분의 예술인들은 작품에 임할 때만은 깊은 몰입을 한다. 예술 그 자체를 즐기는 것이다.

하지만 문제는 현실로 돌아오면서 발생한다. 현실에서의 삶으로 예술이 쭉 이어져야 하는데 단절됨으로써 생활과의 괴리가 생겨나는 것이다. 이는 예술이 지니고 있는 창조적 구조에 대한 이해가 부족하기 때문이다.

예술은 무대와 생활의 구분이 없다. 아침에 눈 뜨고 일어나면 모든 것이 오늘 하루의 무대이다. 하루의 작품을 얼마나 멋지게 창조할 것인지에 대한 부푼 꿈을 가지고 하루일과에 임한다.

친구를 만나 차를 한잔 마시는 것이 전부일지라도 그 만남을 주제로 한 멋진 그림을 머릿속에 펼치며 일상을 보낸다.

화단에 물을 주고 산책을 하는 것이 하루의 전부일지라도 꽃과 나무와 공명을 하면서 자연의 아름다움을 마음의 캔버스에 담는다.

회사에서 서류더미 속에 파묻혀 하루를 보내더라도, 그 속에서 가치를 찾아 나름의 작품을 그려낼 줄 안다.

간혹 회의가 지루하게 흘러가도 여유로운 마음으로 타인과의 공명을 이룰 줄을 알고, 학생이 되어 도서관에 파묻혀 하루 종일 공부를 해도 글자 속에 담긴 세상을 그림으로 그려내면서 학문을 예술로 펼치게 된다.

예술에 종사하는 분들의 고뇌는 바로 여기서 비롯된다. 작품 활동에서의 예술이 현실적 삶으로 이어지지 않으면서 발생하는 것이다.

하루에 주어지는 모든 것을 예술적 소재로 삼아 일상을 살아가는 사람이 진정한 예술가이다.

필자가 어떤 예술인으로부터 고민을 들은 적이 있었다. 그는 서각을 하는 분인데, 작품에 돈을 매기는 것도 그렇고 특히 거래하는 것 자체에 거부감이 든다는 것이다. 그래서 경제적으로 곤궁하게 되고 지금은 막노동을 하면서 취미로 서각을 한다고 한다.

예술과 돈! 이것을 분리하는 것 자체가 유연하지 못한 생각이다. 돈은 땔나무와 같다. 아궁이의 온도를 높이기 위해서는 땔나무를 태워야 한다. 마찬가지로 돈은 예술을 펼치는 재료로 생각해야 한다.

물론 재료가 목적이 돼버리면 곤란하다. 땔나무를 너무 태우면 아궁이는 시커멓게 그을리다가 검은 연기로 뒤덮일 것이다. 그렇듯 돈이란 작품 활동을 하는 데에 필요한 재료로 알맞게 쓰면 된다.
예술인의 삶이 현실로 잘 이어지지 못하는 것이 바로 여기에 있다.

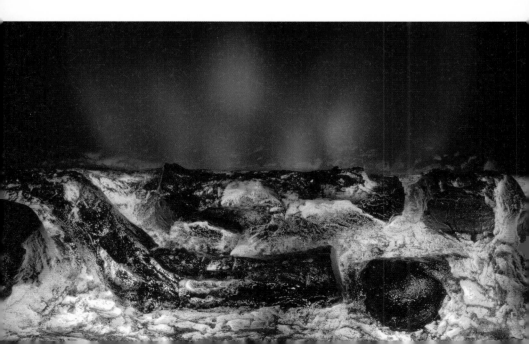

　현실은 예술을 펼치기 위한 재료를 모으는 공간이다. 따라서 현실적 삶에 충실하지 못하면 재료 부족으로 인해 예술적 가치도 그만큼 퇴색되고 만다.

　예술과 현실, 그것은 양립할 수 없는 한 그루의 나무이다.

　예술, 그것은 삶이다. 인생을 무대로 수없이 많은 작품을 그리고 지우기를 반복하며 가치를 창조하는 사람보다 더 멋지게 인생을 사는 사람은 없다. 사실 예술의 진정한 경지에 오른 사람보다 영적으로 더 풍요로운 사람도 없다.

　인생을 한 편의 살아 있는 예술로 볼 줄 안다면 당신은 진정한 예술가이다.

인생을 어떻게 살아야 하는가에 대한 해답, 그것은 예술로서 표현되는 창조적 삶에 있을 것이다.

다음을 체크해 보자.

1. 아침에 일어나서 하루의 일상을 그림으로 떠올려 보는가?

2. 작품을 창조한다는 마음으로 일에 임하는가?

3. 사소한 일이나 조그만 사물에도 감동을 느낄 수 있는 마음의 여유가 있는가?

4. 타인의 행복과 불행을 보고 진심어린 마음을 나눌 수 있는가?

5. 어색하거나 곤란한 상황을 유머로 웃으면서 유연하게 대처할 수 있는가?

6. 일과 삶이 하나로 이어져 원활하게 돌아가는가?

7. 인생을 한 편의 살아 있는 예술로 볼 수 있는가?

5. 생활과 창조

생활을 우리말로 '살이'라 하기도 한다.

여기서 '살'은 나이나 세월을 의미한다. 즉, 세월 속에서 나이를 한 살 두 살 먹어가는 것이 '살이'라는 것이다.

그런데 살이가 사람마다 다 같은 것은 아니다. 잘 사는 사람이 있는 반면 못 사는 사람도 있다. 무엇이 잘 살고 못 사는 기준이 될까?

그것은 빈부귀천이 아니다. 오직 창조적 삶만이 살이를 판단할 수 있는 잣대이다.

창조, 그것은 '나'만을 내세워서는 이루어질 수 없다. 나와 남을 동시에 바라볼 때에 비로소 창조의 길이 열린다.

흔히 잘못된 경우를 가리켜 '나쁘다'는 말을 쓴다.

나쁘다란 '나 + 쁘다'로 풀기도 한다. 쁘다는 '품어 안는다'는 뜻이니, '나'만을 품어 안은 것이 나쁘다는 것이 된다. 사실 따지고 보면 온갖 갈등은 나만을 내세움으로써 나온 것이 아니던가.

나만 가슴에 두고 살아가는 삶은 창조적 삶이 아니다. 그런 삶은 결코 바람직한 인생살이가 될 수 없다.

이왕 한평생 살아가는 것, 멋지고 가치 있고 아름답게 사는 것이 좋지 않겠는가!

그러려면 첫째도 둘째도 관계로 보아야 한다. 매사를 관계로 살펴 그림을 보듯 하면 부지불식 중 삶이 곧 예술이 된다.

이렇게 되면 마치 관객이 되어 영화를 관람하는 것처럼 되는데, 처음에는 다소 삶에 수동적인 듯하지만, 어느덧 삶을 창조하는 또 다른 자신을 발견하게 될 것이다.

다음에 유념하면서 차근차근 창조적 삶에 다가서 보자.

1. 사애의 존재를 이해하라

1. 나를 인정받고 싶어 하는 데서 오는 걸림(인정/認定).
   - 타인의 눈을 사로잡고 싶은 마음 (어떻게 하면 돋보일까?)

2. 남을 내 뜻대로 통제하려는 데서 오는 걸림(자의/自意).
   - 내 마음대로 남을 가지고 놀고 싶은 마음 (내 말을 왜 안 듣지?)

3. 내가 어떤 존재가 돼야 한다는 당위성에서 오는 걸림(위상/位相).
   - 어떤 사람이 돼야 한다는 초조함 (지금의 내 위치는 뭐지?)

4. 나의 존재를 합리화·정당화하려는 데서 오는 걸림(의미/意味).
   - 내가 하는 일이 의미가 있는지에 대한 반문 (내가 잘 하고 있나?)

이상은 우리가 살아가는 데에 필히 등장하는 네 가지 걸림돌인 사애(四碍)이다.

사실 따지고 보면 우리의 생각이란 것은 대부분 이 사애에 의해 일어나고, 이것 때문에 기뻐하고 슬퍼하고 좌절한다.

우리가 관계로 보기 어려운 이유는 바로 이상의 사애에 걸리기 때문이다. 사애는 '나' 위주로만 살아가게 하는 가장 근원적인 이유이다. 이것을 속 깊이 인정할 때 비로소 마음의 문이 조금씩 열리게 된다.

사애를 당연시 한다면 더 이상 나의 마음속에 남이 들어올 여지는 없다. 물론 성인(聖人)이 아닌 한 사애를 없앨 수는 없다. 사애가 없이 어찌 살아갈 수 있겠는가.

다만 사애로 인해 삶의 가치가 퇴색되기에 그곳에 빈자리를 만들어 남을 채우자는 것이다.

나와 남이 함께 자리하면 관계망이 형성되면서 삶의 캔버스가 활짝 열릴 것이고, 당신은 예술가가 되어 그곳에 작품을 채워 넣을 수 있다. 창조적 삶의 길이 시원하게 뚫리는 것이다.

사애[3)]에 대한 속 깊은 인정에서 마음의 문은 조금씩 열린다.

사애는 단지 마음에서의 걸림에 그치는 것이 아니다. 그것은 실생활 구석구석까지 걸림돌로 작용된다.

가령 오디션을 볼 경우 사애에 대한 집착이 강하면 좋은 결과를 기대할 수 없다. '반드시 붙어야 한다', '나는 스타가 돼야만 한다'… 등의 사애에 대한 집착은 끼(氣)를 움츠러들게 하는 역작용이 있다.

그래서 오디션을 볼 때 작품의 몰입도가 떨어지고 결국 낙방의 쓴맛을 보게 된다.

배우 한혜진은 모 예능 프로에서 자신이 여러 번 오디션에 떨어진 사연을 얘기했다. 가정 형편이 어려웠던 그녀는 생계를 맡아야만 했고, 이런 상황은 그녀에게 '반드시 오디션에 붙어야 한다'는 생각을 갖게끔 했다.

오디션 감독은 이런 그녀의 심정을 꿰뚫어 봤고, 그녀의 예술적 재능을 낮게 볼 수밖에 없었다.

훗날 그녀는 이런 자신의 심리를 극복하고 훌륭한 연예인으로 도약하게 되지만, 사애에 대한 걸림은 결과적으로 그녀에게서 여러 차례 귀중한 기회를 빼앗아 갔다.

---

3. 사애란 인간이 진실로 원하는 바를 얻고자 함에 걸림돌로 작용하는 네 가지 근원적 요소를 말한다. 불교에서 말하는 고(苦)를 심층적으로 살펴 그 구조를 세워 놓은 것으로, 인생사에 펼쳐지는 제반의 문제는 여기서 야기하게 된다. 더 자세한 것은 《내 멋대로 살고 싶다》를 참조.

가수 보아의 경우는 처음부터 전혀 걸림이 없었던 경우이다. 그녀는 어린 나이에 오빠를 따라 오디션장에 갔다가 즉석에서 발탁되어 스타가 되는데, 당시 그녀는 오디션에 붙어야 된다는 마음 자체가 없었다고 한다. 그저 주어진 무대에서 그녀의 끼를 맘껏 발산했을 뿐이고, 그것이 오디션 감독의 눈에 띠었던 것이다.

이처럼 사애란 단지 마음속에서의 걸림만이 아니라 실생활에서 발목을 잡는 일로도 표출된다. 사실 인간사에 벌어지는 불협화음을 찬찬히 따져 보면 십중팔구는 사애가 그 원인이 된다.

자신의 내면을 들여다보면서 사애를 느껴 보자.

가령, 오늘 하루의 삶에서 '남이 나를 인정해 주지 않는 것' 때문에 괴로움을 당하지는 않았는가? 또는 '남이 내뜻대로 따라 주지 않아서' 속상하지는 않았는가?
이런 예를 들어 사애를 진단해 보자.
자신이 평소 부지불식중 사애에 의해 언행했다는 사실을 자각한다면, 이제 당신의 마음 한자리엔 여백이 생긴 것이다.

그 여백을 잘 활용하면 당신의 삶은 기가 막히게 향상될 것이다. 바로 창조적 삶으로의 문호가 활짝 열리게되는 것이다.

2. 진정한 학습이 되게 하라

고어에 보면 사람을 '살암'이라 했다. '살암'이란 '살이 + 앎(知)'이다. 사람이란 머릿속에 양질의 정보를 채워나가면서 한평생 사는 존재라는 뜻이다. 학습이 곧 삶이란 말이다.

이 말로 미루어 보면 사람은 학습을 떠나서 존재할 수 없다. 사실 현실적 삶의 우열이 학습의 성과에 의해 나뉘는 비중이 높지 않던가.

그런데 공부를 잘하는 것만이 학습의 능사는 아니다. 우리는 공부를 입시와 연관하여 출세의 근본으로 생각하지만, 초등학교만 나왔어도 사회에서 필요한 정보를 잘 습득하는 사람은 흔히 말하는 출세와 성공을 이룰 수 있다. 그만큼 인생에서 학습이 차지하는 비중은 크다.

그렇다면 어떻게 학습을 해야 제대로 잘할 수 있을까?

　학습은 청사진이 없으면 제대로 이루어지지 않는다. 청사진을 반듯하게 세우고 모든 에너지가 그곳으로 흐르게끔 한다면 학습을 의식하지 않아도 원활히 이루어지게 된다.

　마치 쇠붙이가 자석에 끌려가듯이 청사진을 향해 모든 정보가 흐르고, 여기서 진정한 배움이 일어난다.

　그렇다면 청사진을 어떻게 세우는가?

　앞서 언급한 사애를 인정하고 그곳에 남을 위한 자리를 조금이라도 비워놓으면 된다. 이렇게 되면 관계로 보고 듣고 말하면서 본인이 진실로 원하는 바를 그려볼 수 있다. 즉, 관계에 의한 삶의 가치를 설정하게 되는데, 이것이 청사진이다.

　청사진을 세우면 학습이 쉽게 되고, 그만큼 삶의 가치는 증대될 것이다.

축구 국가대표 감독이었던 홍명보는 다음과 같이 말했다.

"나는 지금까지 공식 기자회견에서 목표를 얘기해본 적이 없다. 선수들과 함께 시간을 보내고, 그 안에서 어디까지 갈 수 있는지를 지켜보면서 목표가 설정될 것이다. 나는 '같은 팀에서 같은 정신력으로 같은 목표를 추구한다'는 슬로건을 지킬 것이며, 여기에서 벗어나는 선수는 선발하지 않을 것이다."

홍명보는 이상과 같이 팀의 청사진을 언급했고, 그것을 중심으로 팀을 이끌고 갈 것을 천명했다. 이런 것이 바로 청사진을 중심으로 한 진정한 리더십이라 할 수 있다.

청사진을 향해 나아갈 때 비로소 진정한 배움이 이루어진다.

3. 창조적 말을 써라

말이란 '맘 + ㄹ'이다. 'ㄹ'은 진동이나 파장을 말한다. 즉, 마음이 울려 퍼지는 것, 이것이 말이다. 그래서 말은 함부로 할 것이 못 된다.

한자에 보면 '나 이(台)'자가 있다. 'ㅿ(모) + 口(말)'로, 나의 모습이 말로써 결정된다는 뜻이다. 그러니 더더욱 말을 함부로 해서는 안 될 일이다.

사실 성인(聖人)이란 것도 별다른 사람이 아니다. '성인 성(聖)'자를 보면 '耳(귀) + 口(입) + 王(왕)'으로, 듣고(耳) 말(口)하는 것에 달통(王)한 사람이란 뜻이다.

이렇게 하기 위해서는 창조적인 말을 써야 한다.

　　창조적 말이란 관계를 고려함으로써 나오는 유연한 단어로 채워져 있다. 청사진을 향해 흐르기에 OX의 단정적 말은 찾아보기 어렵고 대체로 유연하면서 부드럽다.

　　흔히 '화면', '그림', '상황', '사실', '방향', '영화', '관객', '감독', '흐름', '가능', '여백', '가치', '창조', '감동', '탄성', '조화'… 등의 단어들을 자주 사용하게 된다.

　　그런데 이런 창조적 말을 쓰는 것이 사고의 구조에 영향을 줄까?

생각이 밖으로 표출된 것이 말이다. 따라서 생각과 말은 별개가 아니다. 말이 바뀌면 생각에도 영향을 줄 수밖에 없고, 나아가 사고의 구조까지 바뀌게 한다. 그래서 한 나라의 국민성을 볼 때 제일 먼저 그 나라의 언어를 본다고 하지 않는가.

다음은 창조적 언어를 구사하는 사례이다.

"그림이 보기 좋다."
"상황이 보기가 안 좋다."
"영화가 좀 지저분하지 않아?"
"네가 하는 일이 청사진에 맞느냐?"
"우리가 하고 싶은 것과 방향이 같아?"
"재밌는 스토리가 만들어지냐?"
"사실을 바로 본 거야?"
"흐름이 좋지 않은 것 같아."
"글쎄, 내 생각엔 가능성이 많은 것 같은데."
"여백이 없으니까 그림이 좀 답답한 것 같아."
"그런 방향으로 나가면 가치가 풍부할 것 같아."
"어쩜 이렇게 멋질 수가 있지! 감동이 절로 나오네."
"이것들은 너무나도 조화가 잘 되는 것 같아."

창조적 말을 쓰는 당신은 창조적 삶을 살게 된다.

홍명보와 히딩크가 나눈 대화는 창조적 언어가 무엇인지를 잘 보여주고 있다. 홍명보가 러시아 프로리그에서 지휘봉을 잡고 있는 거스 히딩크 감독과 만나 나눈 대화를 보자.

"히딩크 감독은 나에게 답을 내려주지 않고 길을 보여 주었다."

이상의 말에서 길이란 곧 청사진에 입각한 방향성을 말한다. OX의 단편적 답이 아닌 에너지의 흐름이 담긴 홍명보 식의 창조적 언어이다.

몇 달 후 홍명보가 대한민국 감독직 수락을 고민할 때 히딩크는 다음과 같은 조언을 했다고 한다.

"모든 상황을 냄비에 넣고 끓여 봐라. 그리고 그곳에서 하나씩 건져서 혹시 하나라도 걸리는 것이 나온다면 그땐 받아들이지 마라."

이상의 말은 모든 상황을 모자이크처럼 연결하여 한 폭의 그림으로 만들어 보라는 뜻이다. 여기서 그림에 맞지 않는 부분이 보인다면 그땐 감독직을 수락하지 말라는 히딩크 식의 언어이다.

몇 달 후 홍명보가 대한민국 축구 감독이 되자 히딩크는 다음과 같은 말로 그를 축하해 줬다.

"홍명보가 감독이 된다면 나는 기꺼이 그의 밑에 들어가서 수석 코치가 될 수 있다."

그 제자에 그 스승이라고, 이들이 쓰는 언어엔 아름다운 그림이 담겨 있다. 히딩크와 홍명보가 쓰는 단순한 언어 몇 마디만 봐도 왜 이들이 훌륭한 리더인지를 여실히 보여준다 하겠다.

언어, 그것은 의식의 현주소를 보여준다.

당신의 언어는 과연 어떤가?

4. 일을 예술로써 승화하라

일이란 '이르다'에서 나왔다. 어떤 곳에 이르기 위한 여정이란 뜻이다. 여기서 '어떤 곳'이란 아마 각자가 그리고 있는 청사진이 될 것이다.

어떤 일을 하든 귀천이 있을 수 없다. 황제의 직업을 가졌든 청소부의 직업을 가졌든 그 청사진을 이루는 데는 아무런 관계가 없다.

《장자》에 보면 포정이란 사람이 등장한다. 가장 천한 백정의 직업을 가졌지만 상당한 도의 경지에 이르렀다.

그는 훌륭한 스승을 모시고 공부하지도 않았고, 그렇다고 나름대로 특별한 수련을 한 것도 아니다. 그럼에도 그가 높은 경지에 도달할 수 있었던 것은 바로 자신의 일에서 심오한 도를 터득했기 때문이다.

그 도란 것은 별 게 아니다.

포정은 자신의 직업을 예술로 승화했다. 그는 이완된 상태에서 마치 춤을 추듯 가축의 배를 갈라 뼈를 들추고, 다시 근육의 길을 따라 섬세하게 칼질을 하여 가장 이상적으로 고기를 발라냈다.

이렇게 해서 완성된 부위별로 썰린 고기 덩어리를 보면서 감상을 하는 포정, 그는 진정한 예술가였다.

이처럼 예술적 삶을 사는 데에는 직업의 빈천이나 종류가 존재할 수 없다. 어떤 일에서든지 예술로 승화할 수 있고, 이렇게만 된다면 창조적 삶은 그 자체로 우러나오게 될 것이다.

왜냐, 예술은 창조의 또 다른 얼굴이기 때문이다.

최근 방영되는 TV프로 중에 〈생활의 달인〉이 있다. 이곳에 보면 다양한 분야의 일에서 달인이 된 사람들이 나오는데, 공통점은 그들의 표정이 엇비슷하다는 것이다. 예술가들에게서나 흔히 볼 수 있는 바로 그런 표정들이었다.

그들은 자신의 일을 예술로 승화하며 그곳에서 나름의 가치를 얻고 있었다. 그 에너지가 그들을 달인이라는 위치까지 오르게 한 것이다.

필자는 유럽에 학회 때문에 출장 갈 일이 많았다. 한번은 스페인 레스토랑에서 근사한 만찬을 하고 있었다.
그런데 어디선가 우리를 지켜보는 눈길이 있었다. 우리가 다양한 음식을 맛보면서 몹시 즐거워 하는 표정을 지으면, 우리를 지켜보던 눈길은 감동으로 가득 찼다.

그 눈길의 주인공은 레스토랑의 주방장이었다.

주방장은 자신의 요리를 먹는 손님들의 표정을 꽤나 의식했다. 그리고 손님들이 만족할 때 그의 표정은 환희로 가득 찼다.

그는 요리를 하고 있었던 것이 아니었다. 그는 예술을 음식에 담고 그것을 먹는 손님들의 표정을 통해 감상하고 있었던 것이었다.

그는 내가 본 요리사 중 가장 훌륭한 요리사였고, 그의 음식 맛은 아직도 나의 뇌리에 남아 그때의 추억을 전해주곤 한다.

이처럼 일을 예술로 펼치는 사람들, 그들 모두는 창조적 인간이다.

5. 돈을 수단으로 삼아라

자고로 옛 사람들이 가장 가지고 싶어 하는 것으로 도깨비방망이가 있다. 서양의 요술방망이처럼 가지고 싶은 것을 뚝딱 만들어내니 이보다 더 좋은 것은 없을 것이다. 그런데 그런 방망이를 대신해 주는 것이 있다. 그것이 바로 돈이다.

생물학적인 죽음이란 심장의 고동이 15분 이상 정지한 상태이다. 그런데 자본주의 사회에서는 육체적인 심장 외에 돈으로 만든 심장이 하나 더 있어, 돈줄이 끊기면 또한 죽는다고 한다. 경제적인 죽음을 크게 여기는 요즘의 실태를 풍자한 말이다.

이로 미루어 보면 돈의 위력은 실로 대단하지 않을 수 없다.

그런데 돈을 헌신짝 버리듯 하는 사람도 있다. 《동국여지승람》에 보면, 황금 덩이를 주운 형제가 이것 때문에 우애가 상하게 될 것을 걱정하여 강물 속에 던져버린 얘기가 나온다.

《일사유사》에 보면, 서울에 살던 김학성의 어머니가 어느 날 은이 가득 담긴 솥단지를 발견했지만 자식의 교육을 망칠까 봐 그대로 땅 속에 묻고 이사를 갔다고 나온다.

이렇게 돈은 대부분 갈망의 대상이 되면서도 경우에 따라서는 회피의 대상이 되기도 한다.

그렇다면 과연 그 돈이란 놈은 어떤 것인가?

돈이란 '돌다'에서 파생된 말로 보인다. 이리저리 도는 것이 돈이란 뜻이다.

'빈부귀천이 물레바퀴 돌 듯 한다'고 돈이란 순환지리(循環之理)로 쓰이는 도구이다. 그래서 톨스토이는, "돈이란 분뇨와 같아서 그것이 돌지 않고 한 곳에 쌓이면 악취를 낸다"고 하였다.

한자의 취할 취(取)자를 보면, '耳(귀) + 又(손)'으로, 싸움에 이겨 적의 귀를 잘라 갖는다는 뜻이다. 재물을 필요 이상으로 취하는 것을 경계하고 있다.

돈에 끌려가면 결코 창조적 삶을 살 수 없다. 돈이 마음의 중심에 자리하는 동시에 앞서 말한 사애(四碍)가 최고도로 활성화되기 때문이다.

　이렇게 되면 아무리 관계로 보고 청사진을 세우려 해도 되지 않는
다. 당신이 세우는 청사진은 모조리 자신의 이익을 위해 포장한 것에
지나지 않게 된다.

　이런 구조에서는 에너지의 흐름이 나올 수 없고, 결국 창조적 삶은
물 건너가게 된다.

　《춘추》에 보면, "코끼리는 이를 가졌으므로 그 몸이 죽게 된다" 하
였는데, 사람은 돈에 집착함으로써 창조적 삶을 잃게 된다.

　돈은 창조적 삶의 수단이지 목적이 될 수 없다. 창조를 위해 돈을
버는 것과, 돈을 벌기 위해 창조를 빗대는 것은 근본적으로 차이가
있다.

창조의 구조를 뜯어보면 균형과 조화로 이루어져 있다. 그런데 돈이란 것이 개입되면 대개 한쪽으로 치우치며 균형이 깨지기 쉽다.

그만큼 부피 대비 돈의 질량은 크다. 돈이 많다고 해서 문제가 되는 것은 아니다. 돈의 많고 적음을 떠나서 그것에 혈안이 되어 생기는 마음의 무게가 문제라는 것이다.

　장작을 쌓아 놓는 것은 그것을 때서 불을 지피기 위해서다. 돈을 쌓아 놓는 것은 적시에 그것을 활용해서 더 아름다운 가치를 생산하고자 함이다.

　어느 화가가 있다. 그는 열심히 돈을 벌어서 그림물감을 창고에 가득 쌓아 놨다. 주변 사람들은 그 화가가 언제 그림을 그릴 지를 유심히 살펴봤다.
　그런데 그 화가는 오로지 그림물감만을 모을 뿐 그림을 그리지 않았다. 그러다가 그는 눈을 감았다.

　돈은 그림물감이다.
　돈을 모으는 것은 인생의 캔버스에 멋진 그림을 그리기 위해서다.

　돈을, 멋진 삶을 위한 재료로 본다면 당신은 창조적 인간이다.

영화배우 성룡이 몇 해 전 남긴 말은 참으로 의미하는 바가 크다.

"아들에게 능력이 있으면 내 돈이 필요 없을 것이고, 아들에게 능력이 없으면 내가 남긴 재산을 탕진할 것입니다. 따라서 자식에게 유산을 남기는 것 자체가 무의미하다는 얘기입니다."

최근에 성룡은 지금까지 매년 기부하고 남은 4,000억 원을 모두 사회에 환원한다고 결정을 내렸다.

그런데 성룡처럼 돈을 잘 쓰는 것뿐만 아니라 여기서 한 발 더 나아가 예술로 승화하는 사람이 있다. 그는 바로 세계 최고 갑부로 알려져 있는 빌 게이츠(William H. Gates)이다.

그는 사실 근대의 록펠러(John Davison Rockefeller)에 버금가는 냉정한 기업인으로 유명했다. 하지만 그는 세계 곳곳을 돌아다니면서 빈민들을 접하게 되면서 자본주의의 한계를 봤다. 여기서 그는 창조적 자본주의로 전환해야 된다는 사실을 깨닫고 종래와는 180도 달라진 모습을 보이게 됐다.

몇 해 전 그의 재산은 대략 729억 달러에 달했는데, 그 중 극히 일부만 자녀들에게 상속하고, 나머지는 모두 자신이 운영하는 '빌&멜린다 게이츠 재단'에 기부하기로 결정했다. 그는 다음과 같은 말을 남겼다.

"수백억 달러가 넘는 재산이 자식들의 인생에 크게 도움이 될 것이라고는 생각하지 않습니다."

빌 게이츠는 세 자녀에게 각각 1,000만 달러씩을 상속하고 나머지 모든 돈을 사회로의 환원을 약속했다.

그리고 현재까지 30조 원이 넘는 돈을 재단에 기부했고, 매년 2조 원씩 추가로 기부하고 있다.

그런데 빌 게이츠는 돈만 기부를 한 것이 아니다.

그는 자신이 설립한 마이크로소프트사에서 일할 때처럼 재단일에 열성을 다해 일하고 있다. 세계 각지를 돌아다니면서 가난과 질병, 문맹을 퇴치하기 위해 온갖 노력을 다 쏟아붓고 있다.

그는 돈과 재능, 모든 것을 바쳐 인류 공영에 이바지하고 있는 것이다.

빌 게이츠, 이 사람은 돈을 재료로 써서 아름다운 그림을 그리고 있다. 그는 세계를 무대로 한 인류 공동의 가치를 위한 예술을 펼치고 있는, 시대가 낳은 진정한 예술가라 하겠다.

돈의 예술가, 빌 게이츠!

이런 사람이 돈을 알고 돈을 쓸 줄 아는 창조적 인간이다.

6. 죽음을 대비하라

세상에는 피할 수 없는 길이 있다. 그것이 바로 죽음이다. 대문 밖이 저승이라고, 그만큼 죽음은 쏜살같이 다가온다. 그래서 나이가 들면 누구나 예외없이 인생의 허무감을 느끼게 된다.

그런데 죽음을 진지하게 생각하는 사람은 그런 허무감이 줄어들고 비움의 도를 조금씩 터득하게 된다. 그러면서 삶의 가치를 더 소중히 여기게 된다. 인생이 한편의 영화처럼 느껴지면서 창조적 삶을 살 가능성이 높아진다. 그렇지 않고 그냥 사는 사람들은 뭔가에 홀린 듯 정신없이 살게 된다. 그만큼 가치보다는 당장의 이익에만 눈이 멀기 쉽다. 그래서 죽음을 대비하는 삶은 무엇보다 중요하다.

사람들은 저축을 하여 미래를 대비하면서도 가장 중요한 죽음에 대한 대비는 하지 않는다. 물론 종교를 믿는 등 나름의 대비를 하지만, 무엇에 의존하는 것 말고 스스로 하는 대비가 중요하다.

그래서 옛적에 선비가 일생동안 힘써야 할 다섯 가지 조항(五計)에 '사계(死計)'라 하여 '죽음에 대한 준비'를 빠트리지 않았다.

죽음에 대한 준비, 그것은 시공의 무대를 넓히는 일이다. 지금까지 살아 온 창조적 삶을 더 높은 차원으로 연장하는 것이다.

그래서 《장자》에 이르기를, "삶을 죽이고 초월하는 자에게는 죽

음이 없다. 반대로 삶을 탐내어 영속하려는 자에게는 삶이 없다" 하였다.

　사람들은 죽음을 남의 일로만 여기는 습성이 있다. 그래서 이웃이나 친지가 죽어도 자신의 일로 크게 다가오지 않는다.
　여생이 얼마 남지 않은 노인들의 갈등이나 다툼도 젊은이 못지 않은 것이 현실이지 않던가.

　죽음을 인식한다면 삶이 더욱 아름답게 보이고, 여기서 넉넉한 마음이 생겨나게 된다. 여유로운 마음엔 자연히 삶의 가치가 스며드는 법이다.

《주역》에 이르기를, "편안하게 살아도 위태로울 것을 잊지 않고, 살아 있어도 죽는다는 사실을 잊지 않는다"고 하였다.

죽음은 탄생에서 비롯되었다. 탄생의 목적은 죽음이며 죽음의 목적은 탄생이다. 탄생과 죽음의 목적은 창조이다. 따라서 창조는 그리는 것 이상으로 지우는 것도 중요하다.

죽음을 두려워하거나 거부해서는 창조의 의미를 잃고 만다.

삶이 소중한 것은 그것이 끝나기 때문이다.

죽음을 준비하는 것으로 치면 워런 버핏만한 사람도 드물 것이다. 그는 빌 게이츠를 돈의 예술가로 만드는 데에 절대적 기여를 한 인물이기도 하다.

워런 버핏을 일러 자본주의의 상징적인 인물이라 한다. 왜 그런가 하면, 그는 제조업이나 유통업, 서비스업 같은 회사를 설립하여 돈을 번 사람이 아니기 때문이다. 오로지 주식과 같은 투자를 통해서 돈을 모았고 세계 최고의 갑부에까지 오를 수 있었다.

그는 2006년 6월 25일 세계를 깜짝 놀라게 하는 발표를 했다. 자신의 재산 중 85%에 달하는 374억 달러를 기부하겠다고 밝힌 것이다.
이 가운데 310억 달러를 빌게이츠가 운영하는 '빌&멜린다 게이츠 재단'에 기부해서 화제를 모았다.

대개 기부를 하게 되면 자신과 혈연 관계에 있는 재단에 기부하는 것이 통상적이었다. 하지만 워런 버핏은 향후 자신의 기부금이 창출할 가치에 초점을 맞췄고, 그 적임자로 빌 게이츠를 선택한 것이다.

워런 버핏은 돈만 보는 사람이 아니었다. 그의 눈엔 돈이 만들어내는 세상의 가치가 보일 뿐이었다.

현재 워런 버핏은 또 하나의 예술을 창조하고 있다. 그것은 재벌들

의 기부문화이다.

　그는 가장 아름다운 죽음을 거론하며 재벌들로부터 기부 약속을 받아내고 있다. 기부 문화의 장을 만듦으로써 그들이 자연스레 참여할 수 있도록 한 것이다.

　현재 대략 300여 명의 재벌들이 기부를 약속하고 공중까지 한 것으로 알려져 있다.

　워런 버핏이 제시하는 아름다운 죽음, 그는 실로 죽음을 준비할 줄 아는 몇 안 되는 사람이라 할 것이다.

　워런 버핏, 그는 돈의 예술가인 동시에 죽음의 예술가였다.

　창조는 비움에서 시작한다. 죽음에 대한 인식은 삶을 보다 가치 있게 해 줄 것이다.

7. 분별을 관리하라

지금까지 '어떻게 해야 잘 살 수 있는가?'에 대해 논해 봤다. 이것을 한마디로 정리하면 분별관리로 압축할 수 있다.

현대사회는 위기를 관리할 줄 알아야 사회적으로 성공할 수 있다. 마찬가지로 잘 살기 위해서는 필히 분별을 관리해야 한다.

분별적 사고에 익숙해서는 결코 가치 있는 삶을 살 수 없기 때문이다. 사실 따지고 보면 세상의 온갖 문제란 것도 분별적 사고에서 나온 것이 아니던가!

우리는 위기관리란 말에 익숙하다. 정보사회로 진입하면서 한 치 앞을 알 수 없는 급변의 세상이 됐고, 그래서 위기를 관리하는 것은 남의 얘기가 아니다.

위기를 관리할 줄 아는 사람만이 성공할 수 있는 세상이 된 것이다.

마찬가지로 창조적 삶을 살기 위해서는 시시때때로 닥쳐오는 분별적 사고를 다스릴 줄 알아야 한다.

분별이란 어떤 사건에 대해 피아(彼我)와 OX로 나누거나, 혹은 단편적으로 사고함으로써 외부와의 관계가 단절되는 의식을 말한다.

그래서 분별적 사고를 하면 마음이 닫히고, 이런 사람은 친구가 아무리 많아도 외로울 수밖에 없다.

　그런데 이상하게도 사람들은 분별로써 인식해야만 자신의 존재가
돋보이는 것으로 생각한다.

가령 임금이 되었다고 치자. 자신의 발 아래 만백성이 꿇어앉아 있다. 이때 분별로써 생각하면 자신보다 더 높은 사람은 없고, 이런 점에 대해 대단히 만족스럽게 생각할 것이다.

하지만 그 만족의 범위는 '나'라는 좁은 틀에 국한되어 있다. 도토리 나라에서 가장 큰 도토리가 된 셈이다.

그 나라에 한 농부가 살고 있다. 농부는 늘 가족과 이웃, 사회를 함께 놓고 관계로써 생각한다. 그는 외부적으로는 보잘 것 없는 도토리지만 그의 의식은 임금보다 훨씬 큰 시공을 지니고 있다.

임금은 이런 농부를 보고 비웃을 수 있다. 제깟 놈이 아무리 마음을 넉넉히 해도, 시골에서 땅이나 파서 먹고 사는 촌부에 지나지 않는다고 말이다.

하지만 삶의 가치를 기준으로 하면 얘기는 달라진다. 임금이 분별적 사고에 의해서 느끼는 자족감(自足感)과, 농부가 관계적 사고에 의해서 느끼는 상생감(相生感)은 그 질에서 크게 차이가 난다.

분별적 사고는 창조적 사고를 당해낼 수 없다. 비유하자면, 분별적 사고가 100리터의 휘발유로 1km를 간다면, 창조적 사고는 1리터로 100km를 간다.

당신이라면 과연 어떤 사고를 선택할 것인가?

분별관리란, 시시각각 생겨나는 분별적 생각들을 재료로 써서 창조의 모티브로 삼는 것을 말한다. 분별에 지나치게 연연하지 않고, 이렇게 함으로써 분별로부터 비교적 자유로워질 수 있다.

매사를 관계로 살펴 그림으로 보고 듣고 행동하다 보면 누구나 분별관리의 달인이 될 수 있다.

하루 일과를 천천히 되짚어 분별적 생각에 얼마나 휘말렸는지를 따져 보자.

갈등이나 고민, 스트레스… 등이 많았다면 필히 분별관리에 실패했을 것이다. 이에 반해 유연하고 평화롭게 하루를 보냈다면 당신은 가히 분별관리에 합격을 한 셈이다.

우리는 자유롭고 행복해지고 싶어 한다. 그러려면 분별을 다룰 줄 알아야 한다. 분별을 재료로 삼아 인생을 한 폭의 그림으로 다룰 줄 알 때 창조적 삶은 열린다.

분별을 관리할 줄 안다면 가장 가치 있고 성공한 인생을 살 수 있을 것이다.

분별관리, 이것은 '어떻게 하면 잘 살 수 있을까?'에 해답을 줄 것이다.

다음을 체크해 보자.

1. 자녀가 학교에서 낙제 점수를 받아왔을 때 어떻게 대응하는가?

2. 가족 간에 이견이 발생했을 때 어떤 식으로 풀어나가는가?

3. 회의 시에 자신의 의견이 비판 받았을 때 어떻게 대처하는가?

4. 운전 중에 상대 운전자의 위법한 행위로 인해 곤란을 겪었을 때 어떻게 반응하는가?

어떻게 하면
인생을 잘 살 수 있을까?

감동과 보람, 재미가 물씬 나게끔 구조적으로 접근해야 한다. 억지로 쥐어 짜서 이런 느낌을 뽑아내는 데에는 한계가 있기 마련이다.

분별을 관리하기 위해서는 청사진이 필수이다. 법을 집행하기 위해서는 그것의 방향을 제시하는 헌법이 있어야 하는 것과 같은 맥락이다. 또한 짙은 해무가 낀 저녁에 어선이 무사히 항구로 들어오기 위해서는 등대불이 필히 있어야 하는 것과도 같다.

청사진이란 어떤 문제에 대한 대응만이 아니고, 진실로 내면이 원하는 바의 그림을 펼쳐 놓은 것을 말한다. 청사진의 위력은 대단하다. 유럽 대륙만 봐도 이런 사실을 충분히 보여준다.

유럽은 다양한 민족과 문화, 역사와 종교 등이 달라 하나로 통일되기 어려운 구조를 지니고 있다. 로마가 그토록 오랫동안 지배했으면 하나로 통일될 만도 하지만, 로마가 무너지자 크고 작은 나라로 쪼개지게 되었다.

이후 신성로마제국을 건설한 오토대제가 유럽의 통합을 넘봤지만 허사였다.

또한 강력한 절대왕권을 구축한 프랑스의 태양왕 루이14세 가 오스트리아를 꺾고 유럽의 통합을 꿈꿨지만 이 또한 실패하고 말았다.

이후 보나파르트 나폴레옹에서 아돌프 히틀러까지 등장하며 유럽을 한 데 묶고자 했지만 모두 수포로 돌아갔다.

유럽의 통일은 구조적으로 불가능한 것인가?

미국은 공동의 역사와 문화, 그리고 단일 언어를 쓰기 때문에 하나

의 연합국가를 이룰 수 있었다.

하지만 유럽은 민족과 언어부터가 다른 데다가 역사와 문화, 종교 등이 다양하여 한 데 뭉쳐질 수 없는 구조이다.

그래서 유럽대륙을 꿈꿨던 모든 시도들이 불발로 그치고 말았다.

하지만 기적과도 같은 일이 벌어졌다. 유럽이 하나로 통일된 것이다. 바로 유럽연합이 그것이다.

어떻게 이런 일이 가능할 수 있을까?
로마제국을 비롯한 숱한 영웅들이 이루지 못한 일을 도대체 누가 해낸 것인가?

그것은 바로 청사진이다.

유럽 공동의 이익과 가치를 그려 넣은 청사진 한 장으로 유럽은 통일됐다. 청사진이 얼마나 위대한지를 보여주는 역사적 사례라 할 것이다. 남북 통일 역시 이러한 청사진의 기치 아래에서만 순조롭게 이룰 수 있을 것이다.

유럽연합이 청사진으로써 통일을 했듯, 우리는 우리의 청사진으로 가정의 분열을 한 데 모아 화목한 가정을 이룰 수 있다.

또한 공유된 청사진 한 장으로 사회와의 관계를 원만히 하고 직장에서도 능률적으로 일할 수 있다. 어떤 위기가 와도 청사진을 통해 파도를 타듯 넘어갈 수 있다.

청사진은 캄캄한 바다를 밝히는 등대불과 같다.

등대불은 혼미했던 바닷길에 분명한 좌표를 알려준다. 마찬가지로 청사진은 우리가 일상에 겪는 숱한 갈등과 번뇌에서 정확한 지침을 내려준다.

가령 가족 여행을 가기 위해 계획을 짤 때, 세세한 준비 과정에서 적잖은 의견 다툼이 있을 수 있다. 그래서 감정이 상해 여행 기분을 초장에 잡치기도 한다.

하지만 대화를 할 때, 가족이 함께 세운 여행의 청사진에서 벗어나지만 않으면 감정 상할 일이 없게 된다. 그것은 아마 소통의 장을 이루면서 화목하고 아름다운 시간을 보내는 그림일 것이다.

청사진이 분명하면 아무리 서로의 의견이 상충된다 해도 그것을 향하는 에너지의 흐름이 같아 다툴 일이 없게 된다. 방향이 같으면 그 과정에 발생하는 걸림에 상관없이 원원(winwin)이 되어 흘러가게 된다. 저절로 관계로써 보게 되고 서스럼 없이 어우러지게 된다.

하지만 청사진이 분명하지 않으면 상충된 의견은 곧바로 감정의 손상으로 이어져 갈등의 씨앗이 된다.

따라서 청사진을 세우고 모든 생각을 청사진으로 흐르게끔 한다면 주변과 마찰을 일으킬 일이 적게 된다.

이처럼 청사진에 입각하여 온갖 분별을 창조적 에너지로 활용하는 것, 이것이 바로 창조적 삶이다.

창조와 함께 하는 삶, 그것은 당신의 인생을 가장 행복하고 가치 있게 해 줄 것이다.

창조와 생활!

이것은 산 너머 무지개에 살고 있는 파랑새가 아니다.
보는 시각만 바꾸면 얼마든지 내 삶의 가치가 될 수 있다.

왜 21세기는 창조 문화여야만 하는가?

복잡하고 빠르게 얽혀 돌아가고 있는 현대 문명! 다양한 변수가 지뢰처럼 도사리고 있어 그 앞길을 예단하기 어려운 것이 작금의 현실이다.

급속한 변화와 다양한 문명의 이기는 인류에게 숱한 편리를 가져다 줬지만, 그것에 반비례하여 점점 더 소모적 부품으로 전락하는 현대인들의 정체성은 비인간화(非人間化)라는 인간성 상실의 위기로 심화되고 있다.

이것을 문명의 급속한 발달로 인한 불가피한 부산물 정도로 간단히 치부할 수 있을까?

하지만 그렇게 하기에는 점점 더 꼬여가는 인간 존엄성의 문제와 환경 파괴, 그리고 사회 계층 간의 대립과 갈등이 위험 수위를 넘어서고 있다.

이런 총체적인 문제에 의해 지구 멸망 시계까지 등장하여 그 위험성을 전 인류에게 경고하고 있다.

이런 변혁의 시대를 맞아 우리는 과연 무엇을 어떻게 해야 할까?

일개 개인의 일이 아니라고 해서 먼 산 불구경하듯 하는 것이 옳을까?

그런데 인류가 당면한 문제의 본질을 들여다보면 그것은 전적으로 개인의 문제로 국한된다. 개인이 처한 삶의 가치 문제가 꼬여서 인류 전체의 문제로 불거져 나온 것이기 때문이다.

따라서 인류의 문제는 개인이 풀어야 하며, 그 길은 한 사람 한 사람이 새로운 사고를 통해 거듭나는 데 있다 하겠다.

뭇 문제의 근원은 폐쇄적 사고에 기인한다. 모든 것을 문제로 규정하여 흑백으로 보는 분별적 사고에 뿌리를 두고 있다.
이런 폐쇄적 생각들은 그 구조상 갈등과 마찰, 심지어 전쟁이라는 폭탄을 안고 있고, 그래서 브레이크 없는 종착역을 향해 미친 듯이 달려가게 된다.

폐쇄성을 걷어내기 위한 가장 좋은 약이 창조이다.

이것은 폐쇄성을 녹여 주변과 관계로 보게 하고, 이로써 함께 하는 공존의 에너지를 끌어오게 한다. 더불어 잘 사는 상생의 에너지를 줄기차게 뽑아내서 시대에 부합하는 가치를 창출하는 것이다.

그래서 오늘날 시대의 화두로 창조란 단어가 힘차게 떠오르고 있다.

하지만 아쉽게도 세간에 횡행하는 창조란 약엔 사용설명서가 없다. 창조를 어떻게 써서 인간 개개인이 지닌 폐쇄적 사고를 뜯어 고칠지에 대한 구체적인 방법이 결여되어 있는 것이다. 그저 막연히 창조, 창조… 하며 반복적으로 언급할 뿐이다.

창조적 사고는 매사에 관계를 살펴 그림으로 보는 데 있다. 가족과 이웃, 회사와 사회를 나의 이익과 평등하게 놓고 본다면 어렵지 않게 창조적 사고를 이룰 것이다.

왜냐, 관계로 봐야지만 에너지의 흐름이 막힘없이 원활히 흐르게 되고, 이때 그 부산물로서 창조라는 열매가 맺히게 되기 때문이다.

창조적 사고, 그것은 소정의 훈련을 통해 누구나 충분히 이룰 수 있다. 창조적 사고를 하면 개인의 가치는 놀랄 만큼 증대할 것이고, 이런 가치가 모여져야만 인류를 위협하는 상극적 불길을 잡을 수 있다.

인류를 위하는 길, 그 길은 바로 나 자신부터 거듭나는 데 있다. 나의 가치를 최대로 끌어올려 내 삶을 풍요롭게 하는 데서 인류의 번영은 시작된다.

우리 한국의 미래는 어떨까?

자본이 절대적으로 빈약한 우리나라는 전적으로 인재 양성에 의존해 왔다. 교육이 백년지대계(百年之大計)라는 말을 신줏단지 모시듯 하며 열심히 달려 왔다.

하지만 오늘날의 시대는 과거와 같은 교육방식으로는 결코 인재를 양성할 수 없다. 앞서 말했듯이 창조적 사고를 하지 않으면 급변하는 정보 사회를 주도할 수 없게 될 것이다.

엄청나게 쏟아져 들어오는 정보들로 인해 전 세계가 한 덩어리가 되어 춤을 추는 마당에, 과거와 같은 단편적이고 폐쇄적 사고로는 결코 희망찬 미래를 기대할 수 없다.

정보란 것은 관계망에서 오기에 창조적 관점으로 보지 않으면 그것을 다루기 어렵다. 정보뿐만 아니라 어떤 기술적 분야라든지, 심지어 노인 문제나 청소년 문제까지도 창조적 사고가 없이는 제대로 풀 수 없다.

국가가 당면한 통일의 문제도 그렇다. 남북을 흑백으로 갈라 보는 폐쇄적 사고로는 진정성 있는 남북 대화를 기대할 수 없고, 점점 더 극한의 대립 구도로 치닫게 될 것이다.

음전하와 양전하가 공존할 때 전자기력이 형성되어 만물이 만들어질 수 있듯이, 나와 남을 같은 선상에 놓고 상생(相生)으로 바라볼 때 조화가 이루어지면서 가치가 창출된다. 이것이 함께 누리는 삶이며 그래서 창조이다.

　창조적 인간은 개인과 인류의 문제를 푸는 시대적 화두이며 열쇠이다.

　따라서 우리는 창조적 인간을 양성해야 한다. 이것이 진정한 교육이다. 그리고 이런 교육을 받아 창조적으로 살아가는 사람이 많아지게 되면 자연히 창조문화가 자리 잡게 된다.

　이와 동시에 우리나라는 창조의 가치를 전파하는 선생의 나라가 되어 21세기 정보 문명을 주도하게 됨은 물론이고 세계 평화와 인류의 번영에 공헌하게 될 것이다.

　급변하는 세상의 흐름을 감안할 때 우리의 갈 길은 멀고멀다.

　이제 더 이상 늦출 시간이 없다. 이 시대 이 땅을 살아가는 지성인이라면 창조문화 운동이 왜 필요한지에 관심을 가져야 할 것이다.

우공이산(愚公移山)이라고 생각할 수 있지만, 한줌의 흙이 모여 태산도 옮길 수 있는 것이 문화라면 문화이다.

창조적 삶을 통해 창조문화를 엮어낼 수만 있다면 가히 태풍이 되어 온누리를 바꾸게 될 것이다.

창조문화 운동, 그 출발은 나 자신의 창조적 사고에서 비롯하며, 이것들이 모아져서 문화라는 태풍을 이루게 될 때, 인류는 꿈에 그리던 이상향을 목도하게 될 것이다.

그 성패의 열쇠는 다른 사람도 아닌 바로 나의 손에 쥐어져 있다.

감동과 보람, 재미를 느끼며 가치를 창출하며 사는 당신의 삶.

나는 창조문화의 주체이다!

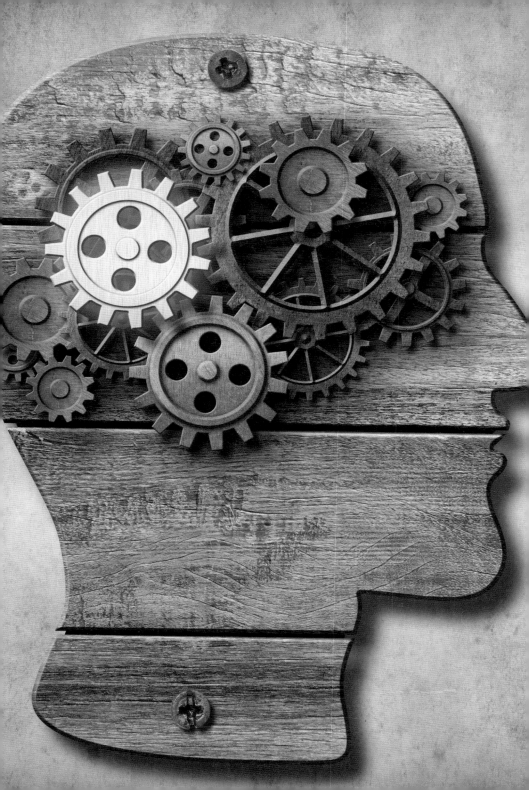

내 멋대로 살고 싶다

'내 멋대로 산다'는 말은 한마디로 자유를 의미한다. 자유를 만끽하며 즐겁고 행복하게 사는 삶, 모든 이가 꿈 꾸는 삶의 가치이며 청사진일 것이다.

하지만 세상을 살아가다 보면 자유보다는 온갖 종류의 굴레와 속박에 더 친근하게 마련이다. 여기서 인생무상(人生無常)이니 인생고해(人生苦海)니 하는 탄식이 절로 나오게 된다.

그런데 인생을 암울하게 만드는 요소는 결코 외부적 요인에 있지 않다. 그것은 자신의 사고 방식에 기인하며, 그 구조를 찬찬히 관찰하며 손질해 나간다면 내 멋대로 사는 삶이 불가능한 것만도 아니다.

저자는 이 점을 주장하며 그 근거로 사애(四碍)라는 네 가지 걸림돌을 제시한다. 그리고 관계를 연결하여 그림으로 보는 훈련을 통해, 내면 깊숙이 잠재된 원력을 일깨우게 한다.

원력이란 진실로 원하는 바의 청사진으로, 사람마다 지니고 있는 존재 코드(code)이다. 이런 원력을 갖게 되면 삶에 대한 긍적적 에너지가 넘쳐 흐르게 되고, 남녀노소, 빈부귀천을 막론하고 '내 멋대로 사는 삶'을 이룰 수 있게 된다.

과연 저자의 말대로 그런 삶을 살 수 있을까?

본서의 전편에 걸쳐 진행되는 사고의 치밀한 구조를 이해하고 소정의 훈련 방식을 따라가다 보면 그 길이 요원해 보이지는 않을 것이다.

생활 속에 창조가 보이는가

초판 1쇄 2014년 8월 10일

지은이 김오회
펴낸이 성철환 **편집총괄** 고원상 **담당PD** 권병규 **펴낸곳** 매경출판㈜
등 록 2003년 4월 24일(No. 2 - 3759)
주 소 우)100 - 728 서울특별시 중구 퇴계로 190 (필동 1가) 매경미디어센터 9층
홈페이지 www.mkbook.co.kr
전 화 02)2000 - 2610(기획편집) 02)2000 - 2636(마케팅)
팩 스 02)2000 - 2609 **이메일** publish@mk.co.kr
인쇄 · 제본 ㈜M - print 031)8071 - 0961

ISBN 979 - 11 - 5542 - 150 - 5(03320)
값 12,000원